Couvertures supérieure et inférieure
manquantes

PÈLERINAGES

DE SAINTE FÉLICITÉ ET DE SAINT GILLES

PÈLERINAGES

DE

SAINTE FÉLICITÉ

ET DE

SAINT GILLES

EN L'ÉGLISE PAROISSIALE

de

MONTIGNY-LE-GANNELON

PRÈS CLOYES. — DIOCÈSE DE CHARTRES

GUIDE DU PÈLERIN

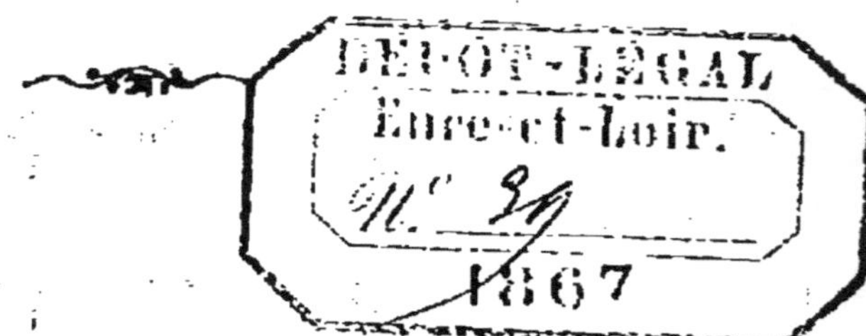

CHATEAUDUN

IMPRIMERIE HENRI LECESNE, RUE D'ANGOULÊME

1867

AVIS.

C'est pour répondre à la piété des pèlerins, qui viennent, chaque année plus nombreux, vénérer les saintes reliques conservées en l'église de Montigny-le-Gannelon, que nous réimprimons ce petit livre, la première édition ayant été déjà complètement épuisée.

On ne doit pas chercher ici des considérations savantes et profondes. Une notice sur les reliques de la sainte martyre Félicité; une notice sur les reliques de saint Gilles, dont l'église de Montigny s'est enrichie depuis peu; quelques conseils pratiques aux pèlerins, conseils uniquement dictés par une charité sacerdotale; enfin, des prières liturgiques, tirées des livres à l'usage du diocèse : tel est l'ordre et le plan de cet humble travail.

Que Dieu bénisse nos intentions; qu'il accorde à nos chers pèlerins toute l'abondance de ses grâces, et qu'il daigne augmenter dans les âmes les sentiments de foi, d'espérance et d'amour, vrais principes de tout bonheur !

OBSERVATION IMPORTANTE.

Les jours habituellement choisis pour les pèlerinages de Montigny sont les suivants :

Pour sainte Félicité: le jour de la procession solennelle accordée par Mgr l'évêque de Chartres à la paroisse de Montigny, pour célébrer la translation du corps de la sainte martyre ; par conséquent, le dimanche qui précède le 24 juin, fête de la nativité de saint Jean-Baptiste, lorsque cette dernière fête arrive le lundi, ou le mardi ou le mercredi ; le dimanche suivant, si la Saint-Jean se trouve le jeudi, le vendredi ou le samedi. Si le 24 juin est un dimanche, la procession de sainte Félicité a lieu ce jour-là même. En tout cas, si le dimanche le plus rapproché du 24 juin est celui de la solennité de la Fête-Dieu, la procession est renvoyée au dimanche suivant.

Pour saint Gilles : le 1er septembre, jour de la fête du saint patron de Montigny. Si le 1er septembre n'est pas un dimanche, il convient d'attendre au dimanche suivant, qui est alors le jour fixé pour la solennité extérieure.

NOTICE

SUR LES RELIQUES

DE

SAINTE FÉLICITÉ

———

Sainte Félicité, dont les restes précieux ont été transférés d'Italie en France, à Montigny-le-Gannelon, diocèse de Chartres, fut martyrisée à Rome dans le temps des sanglantes persécutions que les premiers chrétiens souffrirent pour le nom de Jésus-Christ. Son martyre, bien qu'on ne puisse en préciser l'époque, a certainement eu lieu avant que l'empereur Constantin-le-Grand rendît la paix à l'église, et, par conséquent, il remonte au-delà de quinze cents ans.

Lorsqu'à l'exemple du Sauveur des hommes, sainte Félicité eut consommé le sacrifice de sa vie au milieu des tourments, et que son âme bienheureuse fut entrée en participation de la gloire céleste, sa dépouille mortelle fut inhumée dans les catacombes, par ceux des fidèles qui avaient jusque-là échappé à la rage des persécuteurs. C'est dans ces lieux, consacrés par la sépulture des martyrs, qu'a été retrouvé le corps de cette fidèle servante de Jésus-Christ, pendant les fouilles que l'on a coutume d'y faire à Rome, chaque année. Il était couvert d'une pierre sépulcrale sur laquelle était gravée cette inscription latine : *Felecitas in pace ;* qui veut dire : « Félicité repose en paix. »

Avec cette inscription étaient également gravés un cœur enflammé et une branche de palmier, symboles mystérieux qui faisaient allusion au martyre : on y avait aussi tracé ce chiffre X. P., que l'on interprète *pro xto,* pour Jésus-Christ.

Le cœur enflammé marque, à n'en pas douter, la vivacité de sa foi non moins que la ferveur de son amour pour Dieu ; et la palme annonce l'éclatante victoire que le feu de sa charité lui fit remporter sur la cruauté de ses bourreaux, en endurant, avec un courage invincible, les plus horribles tortures, la mort même, plutôt que de renoncer à sa religion.

C'était l'usage des chrétiens de graver cette formule sur la tombe des martyrs qui confessèrent le nom de Jésus-Christ dans les premières persécutions.

Instruit de cette importante découverte,

M. le duc de Laval, prince de Montmorency,
alors ambassadeur de France près le Saint-
Siége, pria sa sainteté Léon XII de lui
concéder les restes sacrés d'une sainte dont
le nom lui parut cher à juste titre. Le Saint-
Père, qui n'avait pas oublié les services
que son Excellence avait rendus à l'église,
s'empressa d'accéder à ses pieux désirs.
En conséquence, le corps de sainte Félicité,
qu'on avait retiré du cimetière de Saint-
Cyriaque, le 26 mars 1828, fut renfermé
dans une châsse magnifique, revêtu du
costume que portaient autrefois les dames
romaines de distinction. Mais, comme les
chairs manquaient dans les parties appa-
rentes, on fit modeler en cire le buste, les
mains et les pieds, et on y inséra les ossements sacrés, sans toutefois les dérober
entièrement à la vue des fidèles. On peut
encore y voir à découvert le crâne tout
entier, les os de chaque bras au-dessus du
poignet, les doigts de la main qui tient la
palme, notamment l'index, où l'on remarque
quelques muscles desséchés ; enfin les
principaux ossements des deux pieds.

L'attitude de la sainte paraît si naturelle,
que l'œil chrétien se plaît à s'y méprendre ;
et quiconque a le bonheur de la vénérer
ne peut s'empêcher de s'écrier intérieure-
ment : Que la mort des saints est précieuse

devant le Seigneur ! Puissé-je mourir comme eux !

On voit également, dans l'intérieur de la châsse, l'inscription même qui fut trouvée sur la pierre sépulcrale dont elle faisait partie. A côté des pieds de la sainte, se trouve une petite urne en bois doré, surmontée du monogramme dont il a été parlé précédemment. Elle contient, dans un vase en verre, les fragments d'un autre dont les parois sont teintes de sang desséché. Ce sang, qui confirme les autres indices du martyre de sainte Félicité, avait été, selon l'usage de la primitive église, recueilli par des chrétiens pieux. Lorsqu'ils ne le pouvaient pas par eux-mêmes, ils s'adressaient quelquefois aux païens et même aux bourreaux de leurs frères pour avoir, ainsi que leurs vénérables dépouilles, ce sang sacré, offert avec tant de générosité à celui qui, sur la croix, sanctifia par l'effusion du sien les sacrifices, les douleurs et la mort de ses enfants.

Cependant, la châsse de sainte Félicité, qui avait été mise à la disposition de M. le prince de Montmorency-Laval, dès le 19 septembre 1828, resta dans l'église de Saint-Claude, à Rome, jusqu'au commencement de l'année 1838. C'est à cette époque seulement, qu'après avoir été léguée par ce

digne descendant des premiers barons chrétiens, à la paroisse de Montigny-le-Gannelon, elle fut transportée en France au
lieu de sa destination. Mgr Clausel de Montals, évêque de Chartres, vint lui-même
constater l'authenticité des saintes reliques,
et en fit solennellement la translation dans
l'église de ladite paroisse, le 24 juin de la
même année. C'était un dimanche, la cérémonie eut lieu aux vêpres, avec tout l'éclat
et la pompe que demandait le nouveau
triomphe de cette glorieuse martyre. Il s'y
trouva un concours prodigieux de fidèles,
de tout rang et de tout sexe, qui étaient
venus des paroisses environnantes et même
éloignées, pour recueillir aussi leur part
des grâces et des bienfaits sans nombre
que sainte Félicité allait répandre sur les
peuples nouvellement confiés à sa garde.
Partout on remarqua le plus vif empres-
sement; et la pieuse joie qui éclata sur
tous les visages à la vue de ces restes précieux fut un sûr garant du bonheur que
chacun éprouva dans ce jour à jamais
mémorable. Pour en perpétuer la mémoire,
Mgr l'évêque du diocèse autorisa M. le
curé de Montigny à célébrer tous les ans
l'anniversaire de cette translation, par une
procession solennelle avec la châsse de
sainte Félicité; et de plus il fit concession

à perpétuité de 40 jours d'indulgence à toutes les personnes qui assisteraient à cette procession, et réciteraient au lieu de la station 5 *Pater* et 5 *Ave*.

LETTRE D'AUTORISATION.

Claude-Hippolyte Clausel de Montals, par la miséricorde divine et l'autorité du Saint-Siége, évêque de Chartres.

À tous ceux qui ces présentes lettres verront, salut et bénédiction en notre Seigneur Jésus-Christ.

Vu la demande qui nous a été présentée par M. Radais, curé de la paroisse de Montigny-le-Gannelon, de notre diocèse, tendant à obtenir différentes faveurs qui pourraient contribuer à entretenir et augmenter la piété dans cette paroisse : Nous accordons, premièrement, l'autorisation de faire tous les ans, le dimanche le plus rapproché de la nativité de saint Jean-Baptiste, une procession solennelle avec la châsse de sainte Félicité, martyre, en mémoire de la translation faite par nous, le 24 juin 1838, des reliques de cette même sainte, dans l'église dudit lieu.

Dans le cas où le dimanche le plus rapproché de la fête de saint Jean-Baptiste serait celui de la solennité de la Fête-Dieu, cette procession solennelle n'aura lieu que le dimanche qui suit l'octave du saint Sacrement.

Secondement, nous faisons concession à perpétuité de 40 jours d'indulgences à tous ceux qui viendront vénérer la sainte relique et réciteront pieusement, au lieu de la station et auprès de la sainte châsse, 5 *Pater* et 5 *Ave*.

Troisièmement, nous renouvelons par ces présentes la faculté accordée par notre vicaire général, le 25 octobre 1838, de célébrer le dimanche, dans l'Octave de la Toussaint, la fête des saintes reliques en général, ainsi que la concession des 40 jours d'indulgence pour tous les fidèles qui réciteront, près de la châsse de sainte Félicité, 5 *Pater* et 5 *Ave.*

Et, afin que la procession autorisée ci-dessus se fasse avec ordre, nous adoptons à ce sujet les dispositions suivantes, dont on ne s'écartera pas sans notre permission : avant le départ, on chantera l'antienne *Exurge;* en allant à la station, les litanies des Saints; au lieu de la station, l'hymne du Commun des Martyrs, le cantique *Magnificat*, l'antienne, le verset et l'oraison du Commun précité ; puis, l'on récitera à voix basse les 5 *Pater* et les 5 *Ave ;* en revenant à l'église, on chantera le *Te Deum ;* puis le salut et la bénédiction du très saint Sacrement.

Donné à Chartres, en notre palais épiscopal, sous notre seing, le sceau de nos armes et le contre-seing de notre secrétaire, le 20 juin 1839.

† CLAUDE-HIPPOLYTE,
Evêque de Chartres.

Par mandement de Monseigneur,

Olivier,
Chanoine Secrétaire-général de l'Évêché.

NOTICE
Sur les Reliques
DE
SAINT GILLES

L'église paroissiale de Montigny est dédiée à saint Gilles, abbé, dont la fête est célébrée le 1ᵉʳ septembre, l'office extérieur étant renvoyé au dimanche suivant.

On connaît la glorieuse vie de saint Gilles. Grec de nation, il vint d'Athènes en Gaule, au commencement du sixième siècle, poussé par le désir de servir Dieu. Il aborda aux bouches du Rhône, et se mit aussitôt sous la direction du bienheureux Césaire, archevêque d'Arles. Mais, entraîné par un ardent amour de la solitude, il se retira dans un désert, tout auprès du fleuve du Gard, dans le diocèse d'Uzès. Il y rencontra un saint anachorète, et se laissa guider par lui dans les voies de la perfection. Mais, ne se trouvant pas encore assez seul, il passa le Rhône, franchit les frontières du diocèse de Nîmes, s'engagea dans des forêts presque inaccessibles, et s'établit dans une grotte obscure, où il se livra tout entier aux exercices de la prière et de la pénitence, inconnu aux hommes mais cher à Dieu.

Cependant, Dieu ne voulut pas que la vertu de son serviteur demeurât plus longtemps cachée. Un jour, dans une chasse, quelques familiers du roi Théodoric poursuivaient une biche. La biche tremblante se réfugia auprès du saint, et les chasseurs découvrirent ainsi la retraite qui le protégeait. Frappés d'admiration à l'aspect de ce grand solitaire, ils en parlèrent à leur roi, et celui-ci, ne voulant pas troubler une existence si riche en mérites, donna au serviteur de Dieu la possession pleine et entière de la forêt qu'il s'était choisie. Plusieurs disciples accoururent, et bientôt s'éleva autour de la caverne, un monastère, pépinière de saints, où retentissaient nuit et jour les louanges de Dieu. Saint Gilles en fut le premier abbé, et Dieu le laissa de longues années sur la terre, comme pour lui donner le temps d'édifier ses frères par les œuvres les plus éclatantes, et de gagner une plus magnifique couronne.

Le monastère n'existe plus ; ses murs sacrés sont tombés, comme tant d'autres, sous les coups des démolisseurs : le monde a vu, voit et verra ce qu'on gagne à la suppression de ces pieux asiles, où fleurissaient tant de vertus, d'où partaient pour le Ciel tant et de si ferventes prières, sauvegarde des sociétés ! Mais le souvenir n'en est pas perdu ; car, sur l'emplacement même du lieu où vécut et mourut saint Gilles, on voit aujourd'hui un bourg qui porte son glorieux nom. Naguère on y a trouvé son tombeau : tombeau vide, car ses précieux restes en avaient été enlevés, à l'époque de la guerre des Albigeois, par les moines, qui devaient et voulaient les soustraire à la fureur impie de ces hérétiques sauvages. Mais Dieu, qui garde avec soin les ossements de ses saints, n'a pas permis que les reliques de saint Gilles fussent perdues. Elles sont conservées à Toulouse, dans la crypte de Saint-Sernin, et y brillent comme un trésor, au milieu des nombreux trésors dont Toulouse-la-sainte a le droit de s'enorgueillir.

L'église de Montigny est fière aussi de son patron, et depuis longtemps elle accueille avec joie les pèlerins qui viennent, chaque année, s'agenouiller, en invoquant saint Gilles, aux pieds de ses autels. L'objet tout spécial de ce pèlerinage est la guérison de la peur et des maladies nerveuses. Il nous semble que nous n'avançons rien de téméraire en disant que l'histoire de la biche effarée, protégée et sauvée par le saint, peut expliquer la touchante confiance que la foi des Chrétiens accorde au serviteur de Dieu. Quoi qu'il en soit, l'affluence des pèlerins a toujours été considérable, et quoiqu'il n'y eût pas à Montigny une seule parcelle du corps de saint Gilles, les fidèles venaient de partout, portant ou menant leurs enfants malades, heureux d'avoir prié pour eux devant l'image du saint Patron, et de les avoir présentés à cette image vénérée.

Toutefois, les habitants de Montigny souffraient de cette privation, rendue plus sensible encore, peut-être par le ravissement que causait à tous la possession de cette splendide relique, dont nous parlions plus haut, et que baisaient avec tant de respect les pèlerins de sainte Félicité. Mais l'illustre famille, établie à Montigny comme la Providence de la paroisse, a toujours mis au premier rang de ses gloires héréditaires l'amour de Dieu, l'amour de tous. La fille de M. le duc de Laval a voulu compléter l'œuvre de son noble père. Sous l'inspiration de Mme la duchesse de Mirepoix, son fils aîné, profitant de la haute position qu'il occupe dans le midi de notre France, pays d'adoption de saint Gilles, sollicita en 1865, auprès de Mgr Desprez, archevêque de Toulouse, une relique de saint Gilles, destinée à Montigny. L'héritier des Lévis, vainqueurs des Albigeois, pouvait mieux que personne mériter quelque chose de ces restes bénis que poursuivait jadis la rage des sectaires ; aussi, Mgr de Toulouse daigna-t-il envoyer une parcelle considérable. La relique fut soumise, selon les règles canoniques, à Mgr Regnault, évêque de Chartres, qui en constata l'authenticité. Ensuite, elle fut renfermée dans un élégant reliquaire, dû à la générosité de ceux qui l'avaient obtenue, et, le dimanche 16 juillet de l'année 1865, elle fut solennellement transportée de la chapelle du château à l'église paroissiale, où elle devait être déposée pour toujours. M. l'abbé Barrier, vicaire général du diocèse, délégué par Mgr l'évêque, présidait la cérémonie, entouré du clergé cantonal, et au milieu du concours empressé de tous les paroissiens. Dans un langage aussi élevé que simple, paternel et persuasif, M. le vicaire général voulut bien expliquer à tous combien était grand leur bonheur ; et déjà l'attitude si édifiante de tous les assistants, la joie qui se montrait sur leurs fronts recueillis, les sentiments visibles avec lesquels ils regardaient et vénéraient la relique de leur patron, prouvaient avec éclat que tous comprenaient ce bonheur, et qu'ils sauraient s'en rendre dignes.

Puisse-t-elle, cette relique, faire mûrir dans la paroisse une plus abondante moisson de vertu et de sainteté ! Puisse-t-elle être pour Montigny une inépuisable source de bénédictions et de grâces ! Puisse-t-elle attirer désormais aux pieds de saint Gilles des pèlerins toujours plus nombreux, toujours plus disposés à recevoir et à entendre les divines leçons que saint Gilles leur offre, par conséquent plus en état d'être exaucés dans leurs prières ! Puisse-t-elle, en un mot, partager avec la relique de la sainte martyre Félicité, l'honneur de garder Montigny, et de faire de ses habitants une famille de bons Chrétiens !

C'est le vœu le plus cher des pieux donateurs; c'est la plus douce récompense qu'ambitionne leur charité.

CONSEILS AUX PÈLERINS.

Nous croyons inutile de nous étendre sur l'utilité des pèlerinages : l'usage constant de l'Eglise démontre surabondamment l'excellence de cette pratique; on sait aussi quels en sont toujours les merveilleux effets. L'histoire des pèlerinages célèbres est remplie d'innombrables exemples des plus éclatantes faveurs. Si nous n'étions pas arrêté par des règles d'une extrême prudence, nous-même nous pourrions citer, à la gloire de Dieu, à l'honneur de nos Saints, des faits bien consolants, des grâces bien précieuses obtenues par l'intercession des saints Patrons de Montigny.

Mais pour obtenir ce que Dieu brûle de nous accorder, ce que nous voulons que nos saints protecteurs lui demandent, il ne suffit pas de faire un pèlerinage; il faut évidemment faire un bon pèlerinage. Or, un pèlerinage n'est pas un acte indifférent, un acte de pure curiosité, encore moins un acte d'amusement ou de plaisir mondain ; c'est un acte religieux, et si nous ne l'accomplissons pas religieusement, nous n'en recueillerons pas les fruits.

Voyons en peu de mots les principales conditions d'un bon pèlerinage, les moyens les plus propres à en assurer le succès.

Premièrement. Il serait souverainement désirable que la veille ou le jour du pèlerinage fussent sanctifiés par la participation du pèlerin au saint mystère de l'Eucharistie. Si quelques embarras, quelques difficultés nous privent de ce bonheur suprême, que du moins la conscience soit pure. Préparons-nous à prier Dieu et à implorer l'assistance des saints qui entourent son saint trône, par une bonne confession. Comment aurions-nous l'espoir de nous rendre Dieu propice et d'attirer sur nous les regards de ses saints, si nous étions nous-mêmes esclaves du péché? Donc, si, par malheur, il y a dans le nombre des pèlerins, je ne dis pas un pécheur endurci, mais un pauvre chrétien retenu par l'indifférence, par une passion quelconque, peut-être même par une fausse honte, par un lâche respect humain, qu'il s'humilie d'abord devant Dieu; qu'il profite de cette occasion solennelle pour faire aux pieds de Dieu un acte intime de contrition, et prendre la résolution vigoureuse de renaître à la grâce, de recourir au plus tôt à ce remède salutaire qui est le sacrement de pénitence, de se jeter enfin dans ces bras du Sauveur Jésus tendus sans cesse à tous ses enfants. Cette occasion peut devenir décisive et assurer un salut éternel.

Deuxièmement. En entrant dans l'église, ayons soin d'y adorer Dieu, et de nous prosterner devant le tabernacle dans l'attitude de la plus humble piété. Il y a autour de ce tabernacle une légion d'anges qui adorent; et nous, pauvres êtres coupables que nous sommes, nous paraîtrions le front levé devant cette Majesté souveraine, souvent même sans accorder une pensée à ce Dieu qui nous voit, qui nous aime et qui nous jugera ! D'ailleurs, Dieu est le maître; seul il est tout puissant, seul il est Seigneur; seul il dispense à l'homme les biens et les maux, les biens pour le récompenser, les maux pour le punir. Les Saints ne sont quelque chose que par la volonté de Dieu qui a couronné leurs mérites; ils ne peuvent pour nous quelque chose qu'en intercédant auprès du Très-Haut. Leur gloire est sublime sans doute, et leur pouvoir immense : mais Dieu les écoutera-t-il, et parviendront-ils même à fléchir sa colère, si nous commençons par l'offenser ? Ce serait une erreur grossière de le croire, erreur indigne d'un chrétien, et préjudiciable à nos plus chers intérêts.

Troisièmement. Ce devoir rempli envers Dieu, baisons avec amour les saintes reliques, et qu'une prière fervente parte alors du fond de nos cœurs. Demandons, et demandons beaucoup ! Pensons par dessus tout à notre âme : implorons la santé de l'âme, sa guérison si elle est malade, sa résurrection si elle est morte, avant même de songer à la santé du corps et à la guérison du corps. L'âme est tout, et si le corps a une valeur, c'est quand il sert d'enveloppe et d'instrument à une âme vivante et chrétienne. Ce corps mourra un jour ; et si, à ce moment terrible, l'âme n'est pas vivante et chrétienne, au lieu de ressusciter dans l'allégresse et dans le triomphe, il ressuscitera dans la douleur et dans l'ignominie ; tout ce que nous aurons sacrifié ici-bas au bien-être de ce corps misérable, tout cela ne nous servira qu'à nous tourmenter plus cruellement. Donc, par dessus tout, l'âme ! donc, par dessus tout, le salut ! Prions pour notre salut, pour le salut de nos enfants, pour le salut de ceux qui nous sont chers. Après cela, pensons au corps, et demandons à Dieu la santé du corps, comme un moyen de le bien servir. Ou, s'il nous veut dans la maladie, prions-le de nous accorder la patience et la force, pour qu'il nous soit possible d'employer cette rude épreuve à gagner plus vite le Ciel et les consolations de l'éternité. L'âme et les biens de l'âme avant tous les biens temporels ! Que sont-ils, ces biens temporels, comparés au bien de l'âme ? Ce que nous laisserons de richesses, nous ne l'emporterons pas avec nous; ce que nous aurons enduré de peine et de travail pour augmenter notre fortune, nous l'aurons enduré en vain, si nous avons oublié Dieu. Cependant, Dieu ne nous défend pas de nous préoccuper des biens terrestres, et il nous les accordera dans la mesure de ce qu'il sait nous être utile, si nous savons nous reposer en lui. Prions et demandons beaucoup. Il n'est nullement nécessaire pour cela de réciter de longues prières; il suffit d'un élan du cœur. N'oublions pas surtout, au moment où nos lèvres s'appliqueront sur les saintes reliques, de formuler une intention spéciale pour la grâce spéciale que nous venons solliciter.

Quatrièmement. Allons avec recueillement et avec piété nous agenouiller devant le prêtre, qui récitera sur nous le texte sacré de l'Évangile, et pénétrons-nous par avance du sens profond de cette belle cérémonie. Le prêtre est le ministre de Jésus-Christ; c'est un homme transfiguré, placé par Dieu entre le Ciel et la terre, représentant visible du Médiateur invisible qui est le Sauveur

Jésus-Christ. Un grand docteur a défini le prêtre : *Alter Christus*, un autre Christ. Les vêtements du prêtre, ces ornements sacrés qui le couvrent, sont donc les vêtements du Christ. Or, quand le Sauveur Jésus-Christ est passé sur la terre, quand il traversait les cités et les bourgs, évangélisant et bénissant, que faisaient les malades, les pauvres, les malheureux et les affligés ? Entendez cette femme s'écrier dans la vivacité de sa foi : *Si teligero fimbriam vestimenti ejus, salva ero* : si je touche seulement le bord de sa robe, je serai sauvée, je serai guérie. Lisez ce même évangile que le prêtre prononce sur vous, évangile dont vous trouverez le texte français à la suite de ces conseils, et que je vous exhorte à étudier d'avance ; méditez ces paroles qui le terminent : *Omnis turba quærebat eum tangere* : toute la foule cherchait à le toucher ; et pourquoi ? *Quia virtus de illo exibat et sanabat omnes* : parce qu'une vertu sortait de lui et les guérissait tous. Eh bien ! tandis que le prêtre dit sur vous ces consolantes paroles, vous touchez en quelque sorte Jésus-Christ ; la robe de Jésus-Christ vous touche, puisque l'étole du prêtre, ce vêtement de Jésus-Christ, repose sur vos têtes. Ah ! Comprenez votre bonheur : offrez au Sauveur Jésus-Christ la sincère expression d'une tendre reconnaissance, et priez-le qu'il produise en vous la vertu merveilleuse de son divin contact.

Cinquièmemement. Ne quittez pas l'église, sans remercier Dieu. Priez pour l'Église catholique, pour notre Saint Père le Pape et à toutes ses intentions (dites même spécialement pour cela un *Pater* et un *Ave*); pour la conversion des pécheurs, pour la paroisse de Montigny, pour le prêtre qui la dirige. Ayez aussi une prière pour les généreux bienfaiteurs qui nous ont procuré ces saintes reliques, source pour vous de tant de biens. Avant de retourner à vos occupations, peut-être hélas ! à vos dissipations ordinaires, prenez au moins quelques instants pour réfléchir en vous-même que le moyen le plus certain de se rendre les Saints favorables, c'est de les imiter. Ils ont été, comme nous, des Créatures faibles et infirmes ; peut-être même plus tentés que nous ; armés, comme eux, de la grâce divine, nous pouvons résister et vaincre comme eux. Il me paraît facile de résumer en un seul mot les vertus dont nos saints de Montigny nous recommandent l'exercice : sainte Félicité, c'est le courage, c'est l'héroïsme de la charité qui porte l'homme à tout souffrir plutôt que de perdre son âme ; saint Gilles, c'est l'humilité, qui porte l'homme à se cacher et à se mépriser, c'est-à-dire à se connaître, pour connaître aussi Dieu et n'aimer que lui seul. La charité et l'humilité, la charité par l'humilité, et puis au terme Dieu, et avec Dieu l'éternelle béatitude, voilà ce que nos Saints nous prêchent : écoutons leur éloquente voix. Nous avons obtenu leur secours et leur protection; ils veulent à leur tour obtenir que nous suivions leurs traces, et ils offrent de nous aider pour nous conduire dans la route, car ils voudraient, n'en doutons pas, reconnaître plus tard au Ciel chacun des pèlerins qui sont venus les honorer sur la terre; et nous pouvons conserver l'espérance qu'ils y reconnaîtront en effet ceux qui seront venus dans ces bons sentiments de piété, d'amour, de résolution, de confiance; ceux qui auront réussi à faire de ce beau jour du pèlerinage un jour de sanctification, c'est-à dire un jour de salut.

PRIÈRES DIVERSES

A L'USAGE DES PÈLERINS.

ÉVANGILE que le prêtre récite sur chacun des pèlerins.

(Suite du saint Évangile selon saint Luc. Ch. 6.)

En ce temps là : Jésus, descendant de la

montagne, s'arrêta dans une plaine avec la troupe de ses disciples, et une grande multitude de peuple de toute la Judée, et de Jérusalem, et de la contrée maritime, et de Tyr et de Sidon. Ils étaient venus pour l'entendre et pour être guéris de leurs maladies ; et ceux qui étaient tourmentés des esprits immondes furent guéris ; et toute la multitude cherchait à le toucher, parce qu'une vertu sortait de lui et les guérissait tous.

Prières de la Procession de sainte Félicité.

En sortant de l'église on chante les litanies des saints qui se trouvent aux paroissiens ordinaires. Seulement, après les trois invocations à la très sainte Vierge, on chante 3 fois : Sancta Felicitas, ora pro nobis ; *Sainte Félicité, priez pour nous.*

Au lieu de la station, on chante ce qui suit :

CAPITULE.

Je vous louerai, mon Seigneur et mon roi, et je vous glorifierai, ô Dieu mon sauveur ; je bénirai votre saint nom, parce que vous avez été mon secours et mon appui, et que vous avez délivré mon corps de la perdition.

HYMNE.

Unissons-nous tous pour louer la mâle fermeté d'une femme forte, qui s'est rendue illustre en tout lieu par la gloire de sa sainteté.

Le cœur blessé par l'amour divin, repoussant avec horreur l'amour pernicieux du monde, elle a suivi le chemin laborieux qui conduit au Ciel.

En domptant sa chair par le jeûne, en nourrissant son âme du doux aliment de la prière, elle a conquis les célestes joies.

Jésus, notre roi, qui êtes la force des forts, et qui seul opérez les grandes choses, écoutez avec bonté, par l'intercession de cette sainte, les prières de vos serviteurs.

Gloire à Dieu le père, à son fils unique, et à l'esprit consolateur, maintenant et pendant toute l'éternité.

Ainsi soit-il.

V. — La grâce est répandue sur vos lèvres.

R. — C'est pourquoi Dieu vous a bénie pour l'éternité.

Antienne à Magnificat. — Le royaume des cieux est semblable à un marchand qui cherche de belles perles, et qui, en ayant trouvé une de grand prix, vend tout ce qu'il a pour l'acheter.

ORAISON.

O Dieu, qui, parmi les merveilles de votre puissance, avez fait remporter la couronne du martyre au sexe même le plus faible ; accordez-nous la grâce, dans ce jour où nous célébrons la fête de la bienheureuse Félicité, votre martyre, de marcher sur ses traces pour arriver à vous. Par Notre-Seigneur Jésus-Christ. Ainsi soit-il.

On dit 5 fois *Pater* et *Ave*, pour gagner l'indulgence accordée par Mgr l'évêque.

En rentrant à l'église on chante le *Te Deum*.

————

PRIÈRES

Indiquées pour une neuvaine à sainte Félicité ou à saint Gilles, et qu'on peut réciter le jour même du pèlerinage, devant les reliques exposées.

En l'honneur de sainte Félicité.

Seigneur, ayez pitié de nous. — Jésus-Christ, ayez pitié de nous. — Jésus-Christ écoutez-nous. — Jésus-Christ, exaucez-nous.

O Marie, reine des martyrs, priez pour nous.

O Marie, conçue sans péché, priez pour nous.

Sainte Félicité, priez pour nous. (3 fois.)

Priez pour nous, sainte Félicité.

Afin que nous nous rendions dignes des promesses de Jésus-Christ.

ORAÏSON.

Seigneur, qui, par votre grâce, nous rendez forts dans la faiblesse même, faites que la bienheureuse Félicité, dont nous honorons le martyre, nous obtienne, par ses prières, la victoire sur nos ennemis, comme elle l'a obtenue elle-même de votre miséricorde. Par Notre-Seigneur Jésus-Christ. Ainsi soit-il.

Pater, *Ave*, pour notre Saint-Père le Pape et pour tous les besoins de l'église.

En l'honneur de saint Gilles :

Seigneur, ayez pitié de nous. Jésus-Christ, ayez pitié de nous.

Jésus-Christ, écoutez-nous. Jésus-Christ, exaucez-nous.

O Marie, reine des confesseurs, priez pour nous.

O Marie, conçue sans péché, priez pour nous.

Saint Gilles, priez pour nous. (3 fois.)
Priez pour nous, saint Gilles.
Afin que nous nous rendions dignes des mérites de Jésus-Christ.

ORAISON.

Puisse, Seigneur, l'intercession de saint Gilles nous rendre agréables à vos yeux, afin que nous obtenions par ses suffrages ce que nous ne pouvons espérer de nos mérites. Par Notre-Seigneur Jésus-Christ. Ainsi soit-il.

Pater et *Ave* pour Notre-Seigneur le Saint-Père le Pape, et pour tous les besoins de l'église.

TABLE DES MATIÈRES.